DIESES BUCH IST EIN RÜCKWÄRTSBUCH. DU MUSST ANDERSRUM UND VON NETNIH NACH NROV DENKEN, WENN DU DIE AUFGABEN LIEST. UM DEIN GEHIRN IN DEN RÜCKWÄRTS-MODUS ZU VERSETZEN, FANGEN WIR GANZ EINFACH AN: SCHREIBE DIESE BOTSCHAFT MIT DEINER LINKEN HAND, WENN DU RECHTSHÄNDER BIST, UND MIT DER RECHTEN, WENN DU LINKSHÄNDER BIST:

ICH VERSPRECHE RÜCKWÄRTS ZU DENKEN WÄHREND ICH DAS BUCH BENUTZE:

_ _

_ _

_ _

UNTERSCHRIFT: _ _ _ _ _ _ _ _ _ _ _ _ _ _

(ICH HOFFE, DU HAST DEINEN NAMEN RÜCKWÄRTS GESCHRIEBEN!)

ENTSCHLÜSSLE DIESE ANWEISUNGEN MIT EINEM SPIEGEL.

STECK EINEN STIFT ZWISCHEN DEINE

ZEHEN

UND ZEICHNE ETWAS AUF

DIESE SEITE.

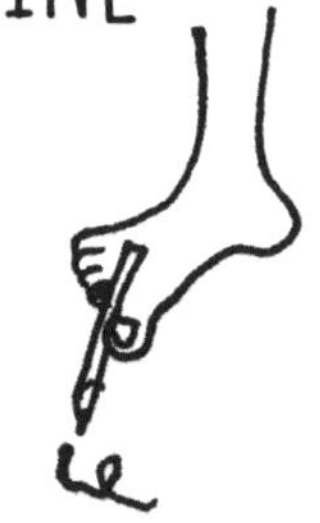

SCHREIBE EINE GEHEIME NACHRICHT UND ...

①

②

③

DANN DIESE BEIDEN SEITEN ZUSAMMEN.

Schreib alle Buchstaben des Alphabets verkehrt herum auf.

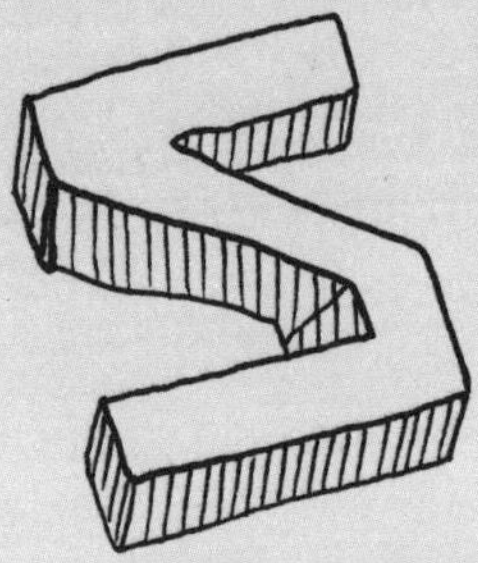

Falte einen PAPIERFLIEGER aus dieser Seite.

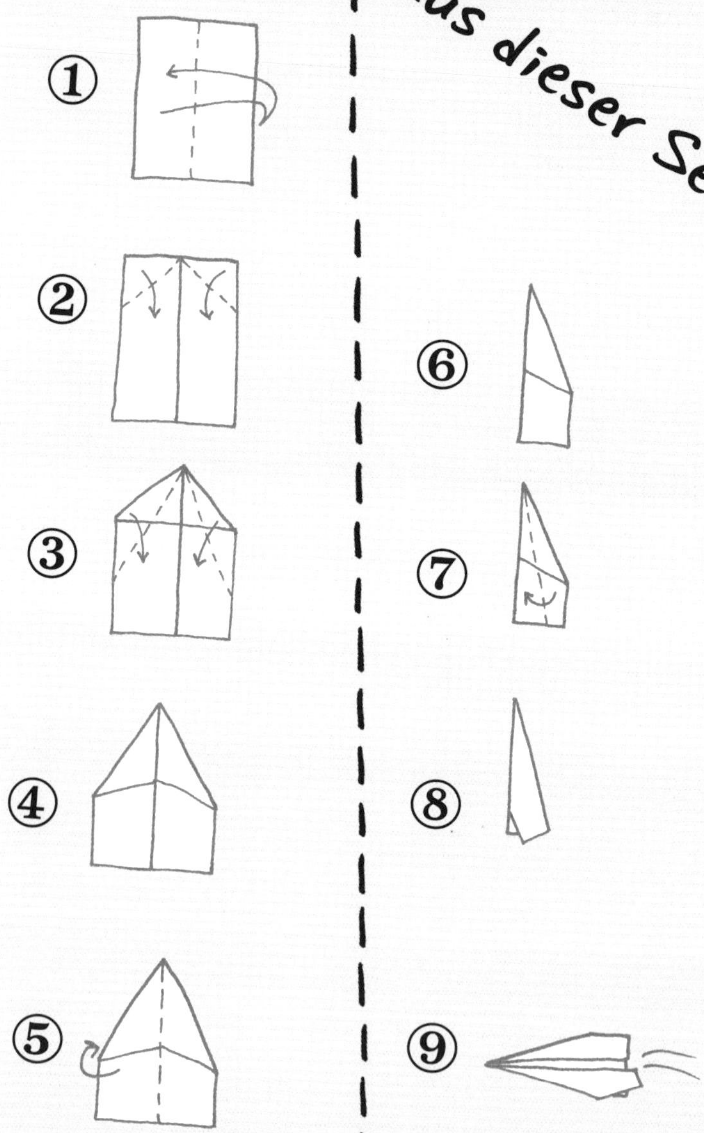

KANNST DU DIESE

SCHRIFT LESEN?

GUT GEMACHT! HAST DU EINE LUPE BENUTZT? VERSUCH JETZT, SELBST SO WINZIG ZU SCHREIBEN!

Dieser Regenbogen steht auf dem Kopf
und hat ungewöhnliche Farben.
Welche sind das?

Mal hier rein,
was man am
Anfang findet.

Laut einer Sage findet man am Ende des Regenbogens einen Topf voll Gold. Und was findet man am Anfang? Denk's dir aus!

BEMAL DEINE LIPPEN MIT LIPPENSTIFT

UND KÜSSE DAS BUCH!

SCHNEIDE DIESE SEITE UND DANACH DEN KREIS IN DER MITTE AUS. KLEBE SIE AN DEN TURRAHMEN. SCHAFFST DU ES, DEINEN PAPIERFLIEGER DURCH DAS LOCH FLIEGEN ZU LASSEN?

Hier schneiden!

TIPP: DU KANNST DAS LOCH
AUCH GRÖSSER AUSSCHNEIDEN.

Male ein Bild ...

... aber vergiss nicht, verkehrt herum zu denken,

also lass die Mitte weiß und

male stattdessen den Rand an.

Kombiniere zwei Früchte, um eine neue zu erfinden. Zeichne sie und gib jeder neuen Frucht einen Namen.

Apforange!

Lege die Seiten auf einen Baumstamm und male über die Motive. Halte deinen Buntstift dabei schräg. So entsteht eine coole Struktur.

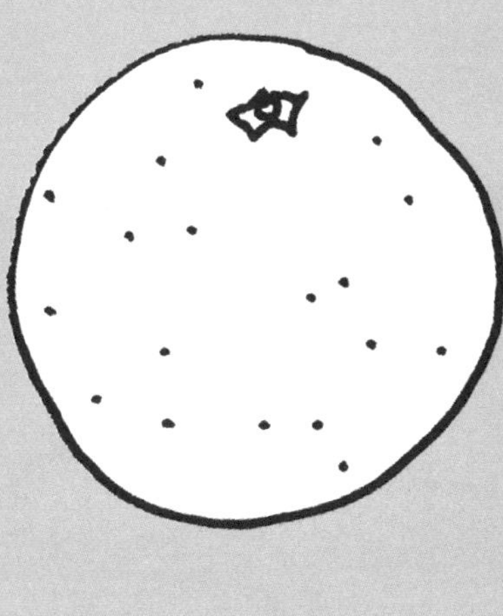

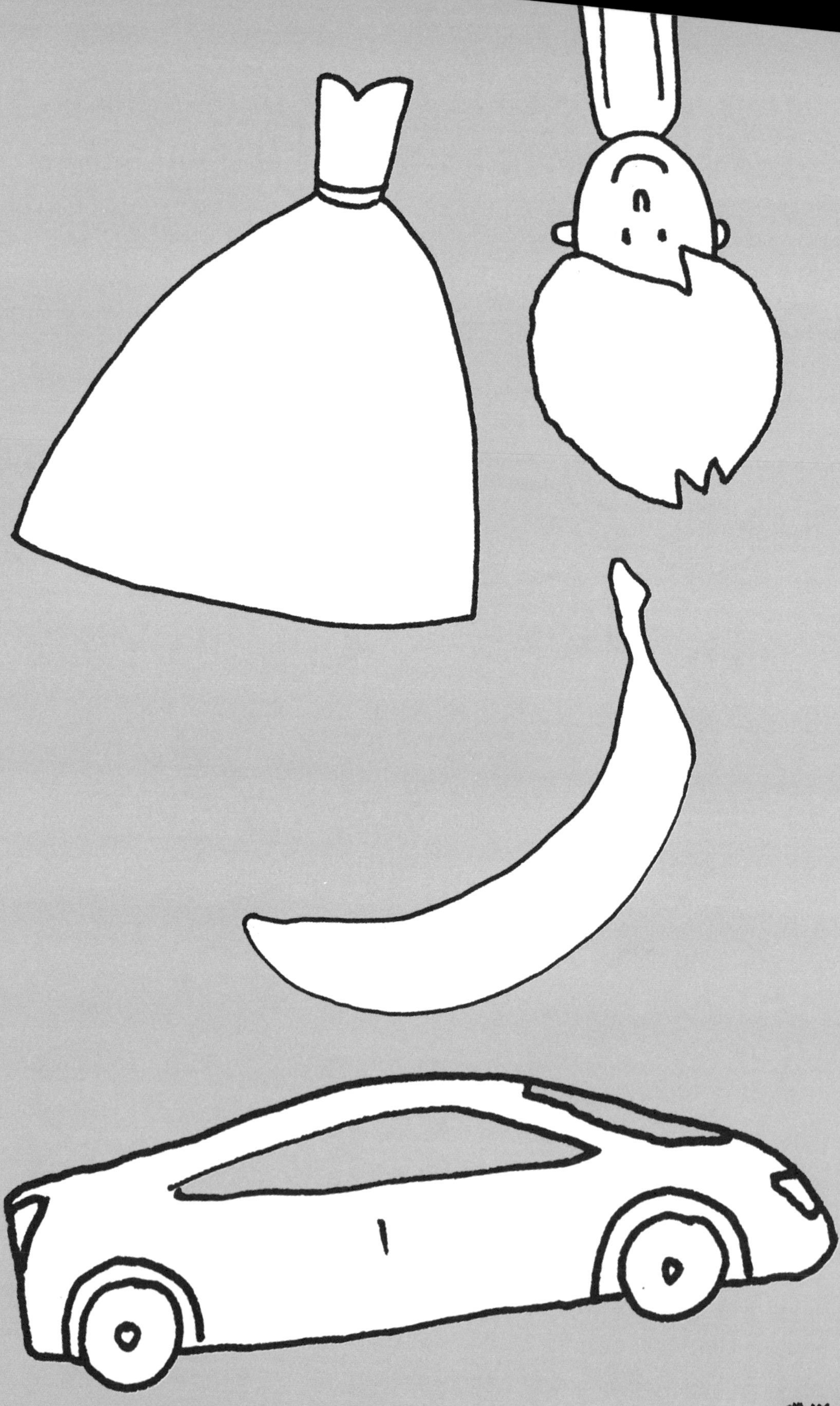

ZEICHNE EINEN GROSSEN PUNKT AUS VIELEN KLEINEN PUNKTEN.

ZÄHLE, WIE VIELE PUNKTE DU GEZEICHNET HAST:

UND JETZT VERBINDE ALLE PUNKTE MITEINANDER!

SCHNEIDE DIE BEIDEN DINOS AUS. DU ERFÄHRST GLEICH, WOFÜR DU SIE BRAUCHST.

T-REX

STEGOSAURUS

Klebe hier T-Rex auf.

Uaaah! Ob der Mensch rechtzeitig fliehen kann? Male dein Dino-Bild an.

ZEICHNE ODER KLEBE EIN BILD VON DIR

IN

DIESE

KÖPFE.

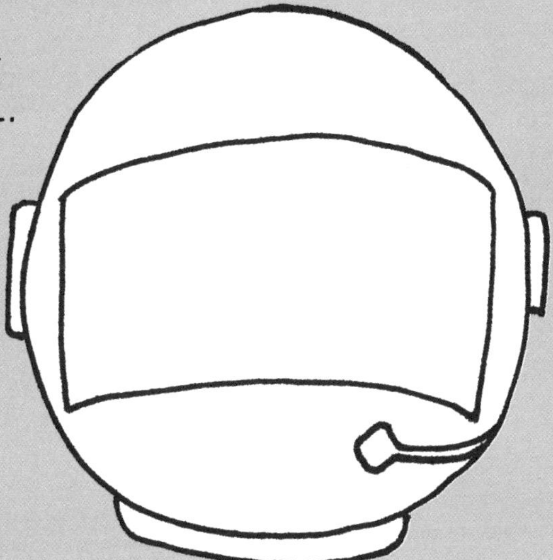

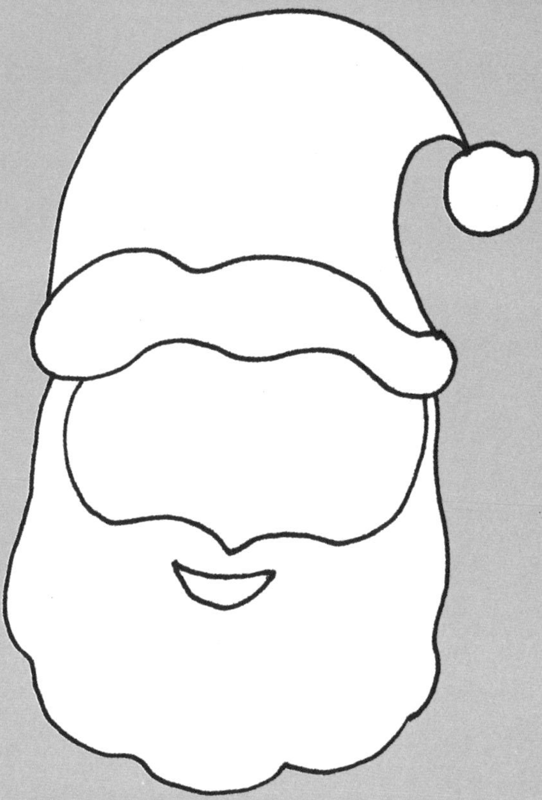

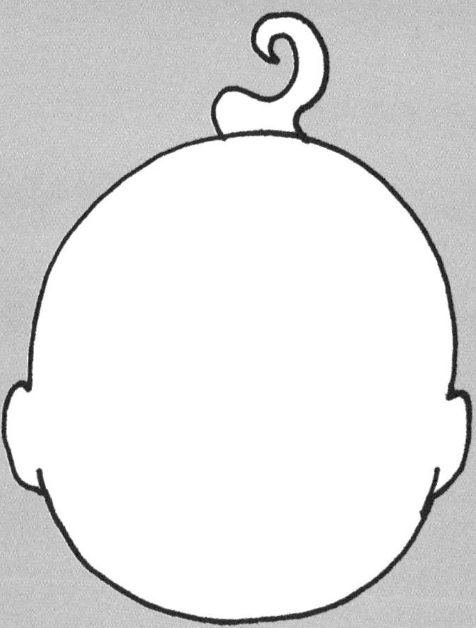

SCHREIBE SIEBEN SACHEN AUF, DIE DU DIESE WOCHE MACHEN MUSST ...

① ____________________

② ____________________

③ ____________________

④ ____________________

AUF KEINEN FALL TUN!

… UND MACH SIE DANN NICHT!

⑤ ______________________

⑥ ______________________

⑦ ______________________

ZEICHNE DIESE BLUMENVASE DREIMAL AB.

STOPP DABEI
DIE ZEIT.

(OKAY, ES REICHT AUCH, WENN DU NUR EINE SONNENBLUME MALST.)

KLEBE JETZT DREI VERSCHIEDENFARBIGE STIFTE ZUSAMMEN UND MALE DIE VASE NOCH DREIMAL. WIE SCHNELL BIST DU DIESMAL?

SCHNEIDE EIN LOCH IN DIE SEITE GEGENÜBER IN FORM EINES STEGOSAURUS

BENUTZE DAFÜR DIE AUSGESCHNITTENE FIGUR VON SEITE 25 ALS SCHABLONE.

KLEBEFLÄCHE

KLEBE HIER DINO-HAUT FÜR DEINEN STEGOSAURUS AUF!
NIMM STÜCKE VON ZWIEBELSCHALE, ORANGENSCHALE
ODER ALTE BLÄTTER.
KLEBE DANN DIE SEITEN AN DEN MARKIERTEN STELLEN ZUSAMMEN.
JETZT HAST DU EIN ECHTES 3D-BILD!

KLEBEFLÄCHE

Erkennst du, welche vier riesigen Buchstaben auf den Seiten 38 bis 41 zu sehen sind? Welches englische Wort kannst du damit bilden? Schreibe es hier auf:

. . . .

Tipp: Vergiss nicht, umgedreht und von hinten nach vorn zu denken.

Lösung auf Seite 43

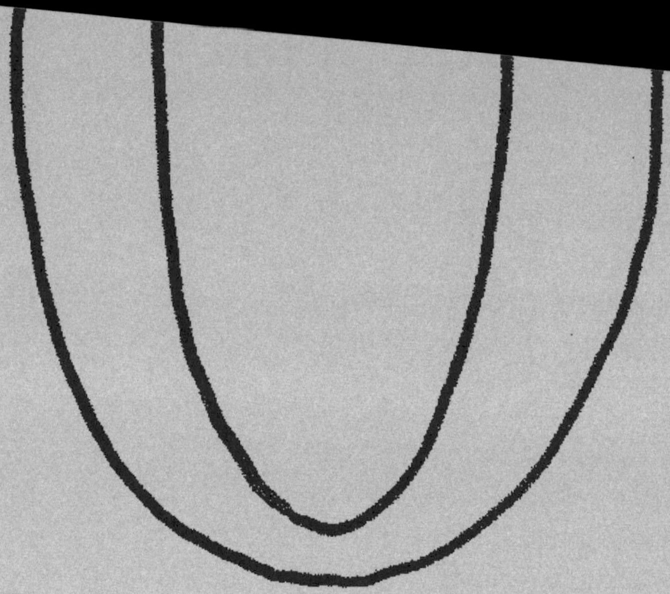

8

ENTBACKE DIESEN KUCHEN, INDEM DU DIE ZUTATEN, AUS DENEN ER GEMACHT IST, AUFZEICHNEST.

TIPP: REIE LHEM HCLIM NEREEBDRE REVLUPKCAB ENHAS REKCUZ

LÖSUNG VON SEITE 38 BIS 41: BOOK

ЯƎTTUB

①

②

③

DRÜCKE EINEN NASSEN, ABGEKÜHLTEN TEEBEUTEL AUF DIESER SEITE AUS. BENUTZE DAS PAPIER ALS TEEFILTER: GIESSE WARMES WASSER DRAUF UND VERSUCH, DEN NEUEN TEE MIT EINER TASSE AUFZUFANGEN.

TIPP: MIT DÜNNEREM PAPIER FUNKTIONIERT ES NOCH BESSER!

Reiß diese Seite aus dem BUCH heraus. Zerknüll sie. Wirf sie in einen Papierkorb.

Hol die Seite wieder heraus. Bitte einen Erwachsenen, sie wieder glatt zu bügeln. Kleb sie wieder ein.

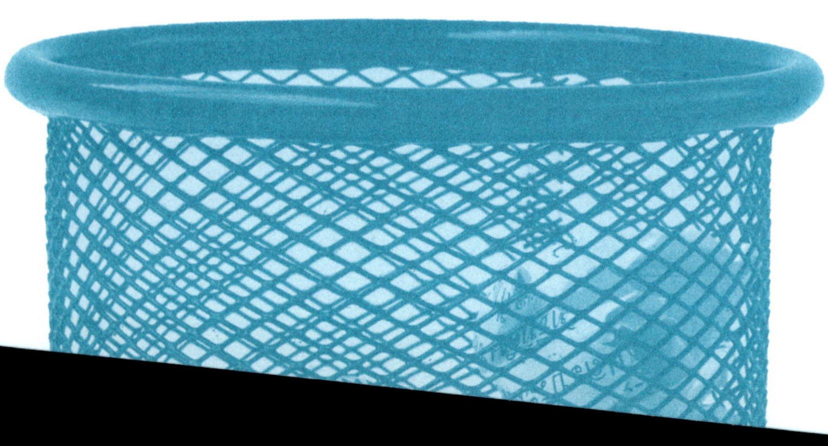

MACH UMGEDREHTE FINGERABDRÜCKE, INDEM DU DEINE FINGERNÄGEL AUF EIN STEMPELKISSEN UND DANACH AUFS PAPIER DRÜCKST. VERGLEICH SIE MIT DEINEN ZEHENNAGEL-ABDRÜCKEN.

Daumen

Zeigefinger

Mittelfinger

Ringfinger

kleiner Finger

Große Zehe

zweite Zehe

dritte Zehe

vierte Zehe

kleine Zehe

Nimm einen Bleistift und kritzel beide Seiten voll. Halte den Stift dabei SCHRÄG. Nimm dann einen Radiergummi und zeichne, indem du etwas ausradierst.

ZEICHNE EIN NEUES COVER FÜR DIESES BUCH, SO ALS WÄRE ES EIN VORWÄRTSBUCH UND KEIN RÜCKWÄRTSBUCH.

BEKLEBE DIESE SEITEN MIT TESAFILM UND SCHREIBE DARAUF MIT FILZSTIFTEN. COOL, DU KANNST DAS GESCHRIEBENE EINFACH WIEDER WEGWISCHEN!

kleben

Schneide diese Form aus und blättere um.

kleben

Klebe ein Foto von dir auf Seite 56, auf dem du deine Kleidung verkehrt herum trägst, und klebe dann den Rahmen auf das Foto.

① Lege das BUCH hinter dich.

② Hol dir einen Handspiegel und halte ihn so vor dich, dass du das BUCH sehen kannst.

③ Schreibe deine Lebensgeschichte auf, und zwar rückwärts: vom heutigen Tag und bis zu deiner Geburt.

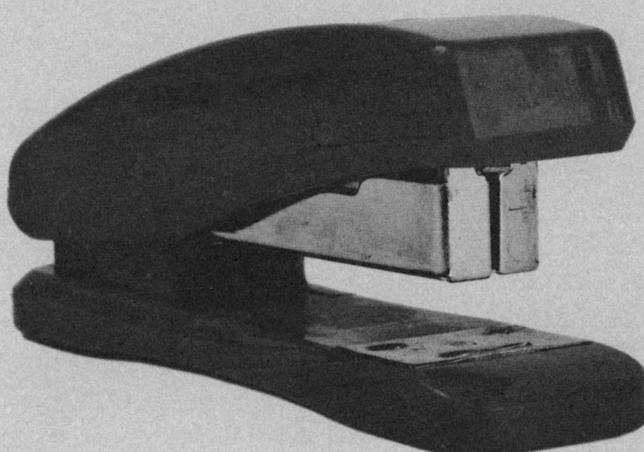

HEFTE DIESE BEIDEN SEITEN ZUSAMMEN.

Zeichne mit einem weißen Stift

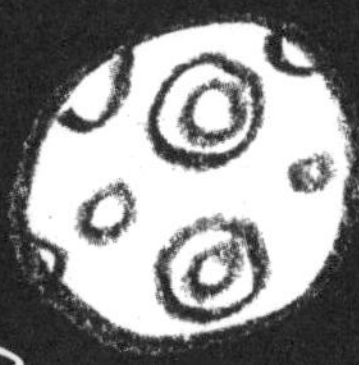

Sterne in den Himmel.

Denk dir neue Sternbilder aus.

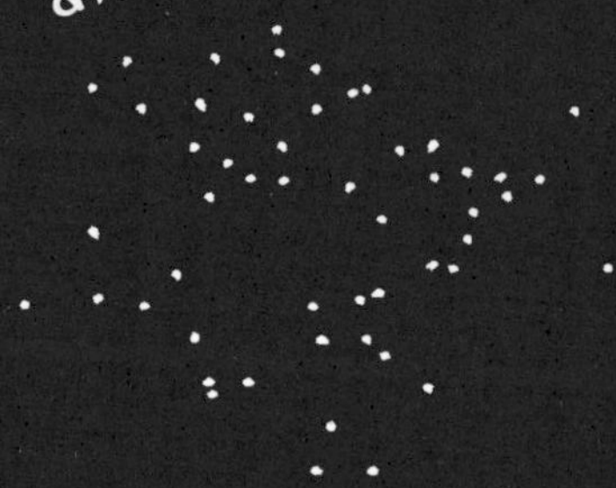

SCHREIB DIE ZAHLEN VON 1 BIS 50 AUF …

... IN UMGEDREHTER REIHENFOLGE.

MALE NICHT DIE FLÄCHEN AN, SONDERN ZIEH DIE LINIEN BUNT NACH.

MALE EIN MOTIV AUF DAS PUZZLE, SCHNEIDE DIE TEILE AUS UND KLEBE SIE VÖLLIG DURCHEINANDER AUF.

KLEBE DIE DURCHEINANDER GEMISCHTEN PUZZLETEILE HIER HIN:

SCHREIBE DEINEN NAMEN UND
DIE NAMEN DEINER FAMILIE

STELLE ZEHN DINGE IN DEINEM ZIMMER AUF DEN KOPF UND LASS JEMANDEN ERRATEN, WELCHE ES SIND!

KLEBE WIEDERABZIEHBARES KREPPBAND AUF DIESE SEITE UND DENK DIR SCHÖNE FORMEN AUS. TUSCHE DANN MIT FARBE ÜBER DAS GANZE BILD. WENN DIE FARBE TROCKEN IST, ZIEH DAS KREPPBAND AB. FERTIG IST DEIN MEISTERWERK! DAS IST MODERNE KUNST!

Was kommt hinaus?

Was geht hinein?

WIE VIELE **PALINDROME** KANNST DU HIER AUFSCHREIBEN?

(EIN PALINDROM IST EIN WORT, DAS VON VORNE NACH HINTEN GENAUSO LAUTET WIE VON HINTEN NACH VORNE.)

PSSST! AUF DER NÄCHSTEN SEITE FINDEST DU EINIGE WÖRTER.

Klebe Glitzerschnipsel auf!

PALINDROME: ANNA, RENTNER, LAGERREGAL, KAJAK, EBBE, RADAR, UHU ...

Versuch jetzt, jedes einzelne Glitzerteilchen von der Seite wieder abzubekommen.

ZEICHNE EIN TIER AUF DIE SEITE GEGENÜBER UND SCHNEIDE ES AUS. MACH DAS TIER AN EINER SCHNUR FEST UND GEH MIT IHM GASSI.

ZEICHNE MIT DEINEN FINGERNÄGELN.

DRÜCKE SIE FEST AUF DAS PAPIER, SO MACHST DU KERBEN HINEIN.

RADIERE DIESEN PUNKT MIT EINEM RADIERGUMMI AUS. MACH WEITER, BIS DU EIN LOCH RADIERT HAST.

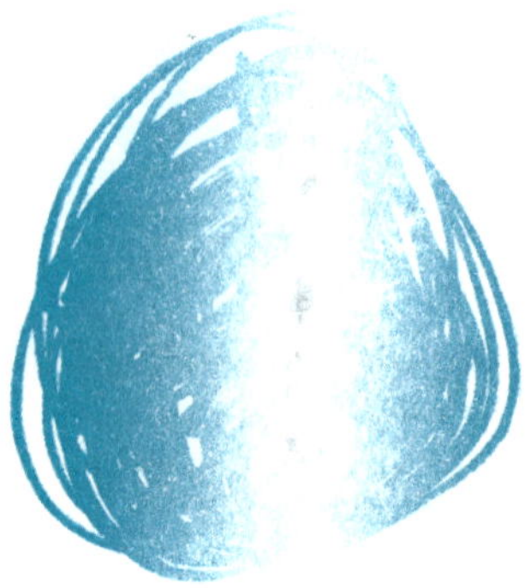

MACH EINEN

PFOTEN-ABDRUCK

AUF DIESE SEITE.

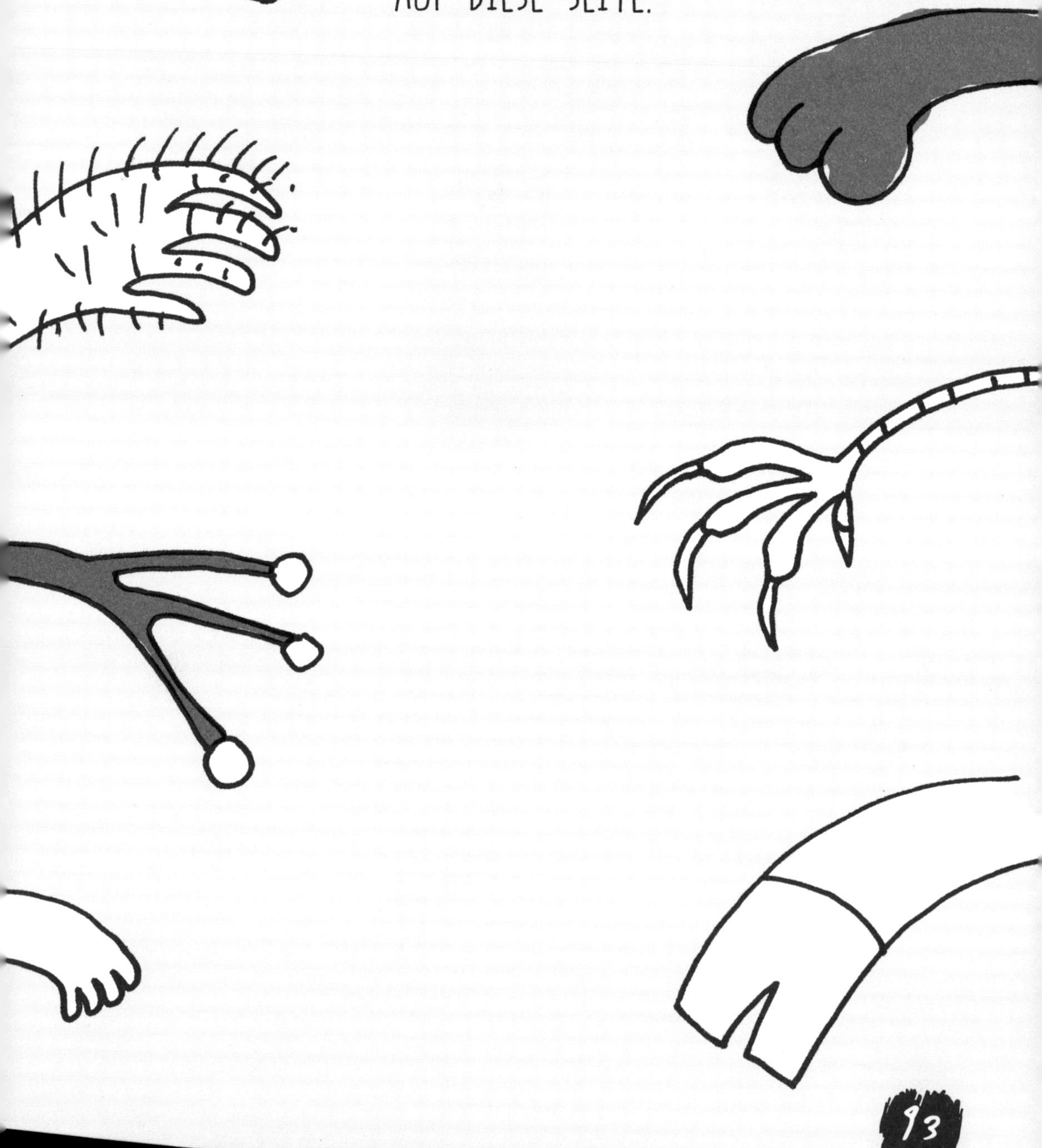

ISS DEIN ESSEN HEUTE RÜCKWÄRTS

FRÜHSTÜCK:

BEGINNE DAMIT, DIE MILCH AUS DEINER SCHÜSSEL ZU SCHLÜRFEN, UND ISS DANN DEIN TROCKENES MÜSLI.

MITTAG:

SETZ DICH MIT DEM RÜCKEN ZUM TISCH UND SCHAU BEIM ESSEN IN DIE ENTGEGENGESETZTE RICHTUNG.

ABENDESSEN:

ISS ZUERST DEN NACHTISCH UND FRAG ZUM SCHLUSS NACH EINER VORSPEISE.

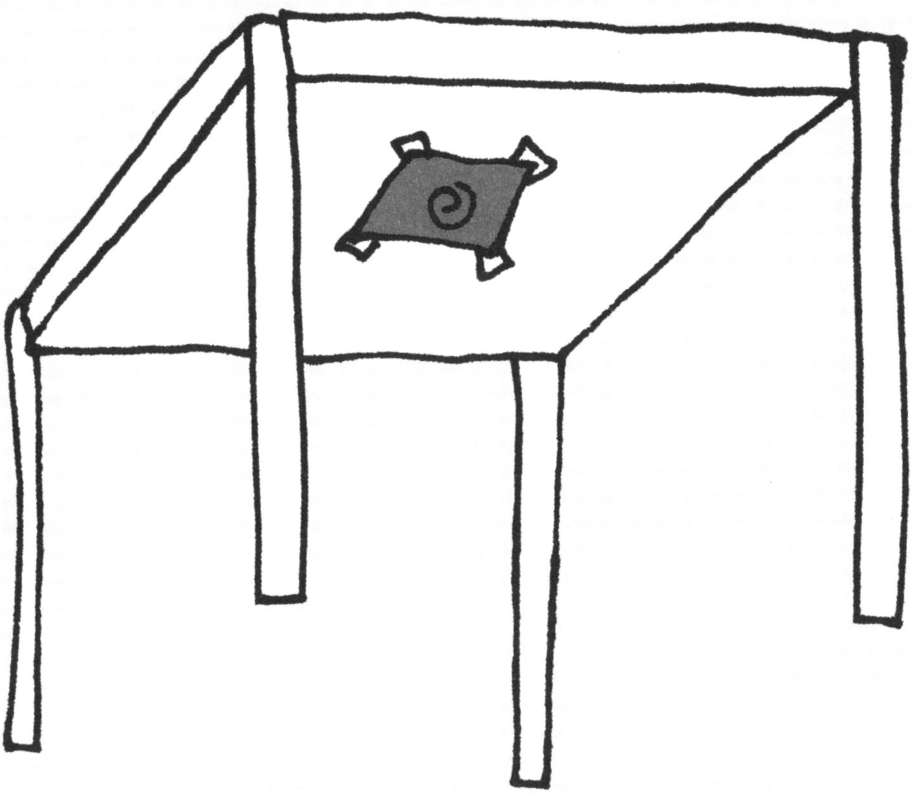

Reiß diese Seite heraus und klebe sie unter einen Tisch.

Leg dich auf den Boden und zeichne ein

KUNSTWERK

darauf.

Finde heraus, wie lange es dauert, bis es jemand dort entdeckt.

ZEICHNE GANZ VIELE DREIECKE.

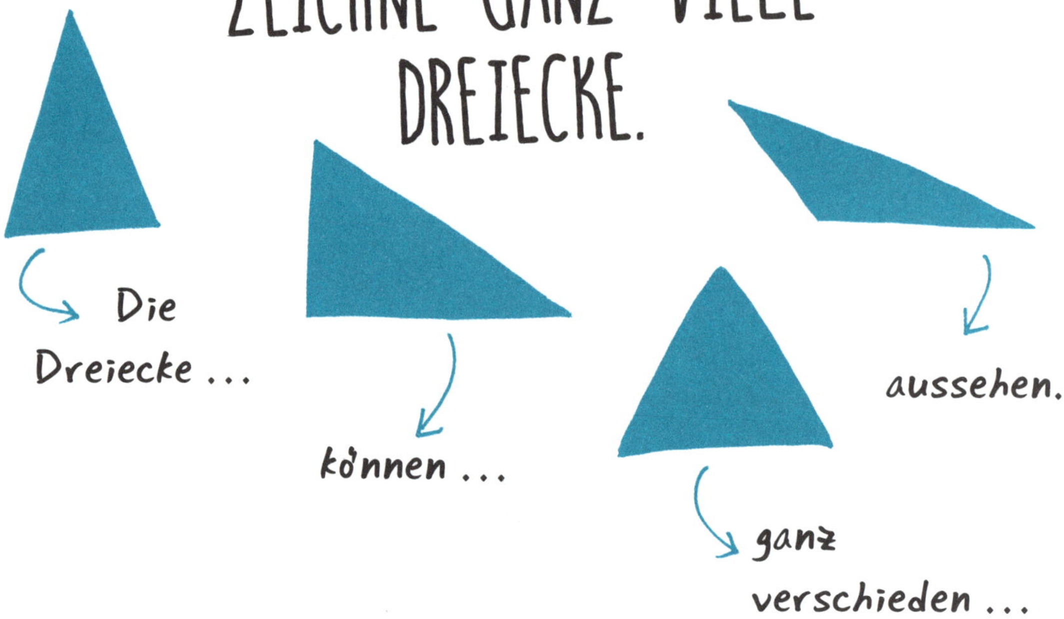

KANNST DU EINEN

KREIS

AUS

GERADEN

LINIEN ZEICHNEN?

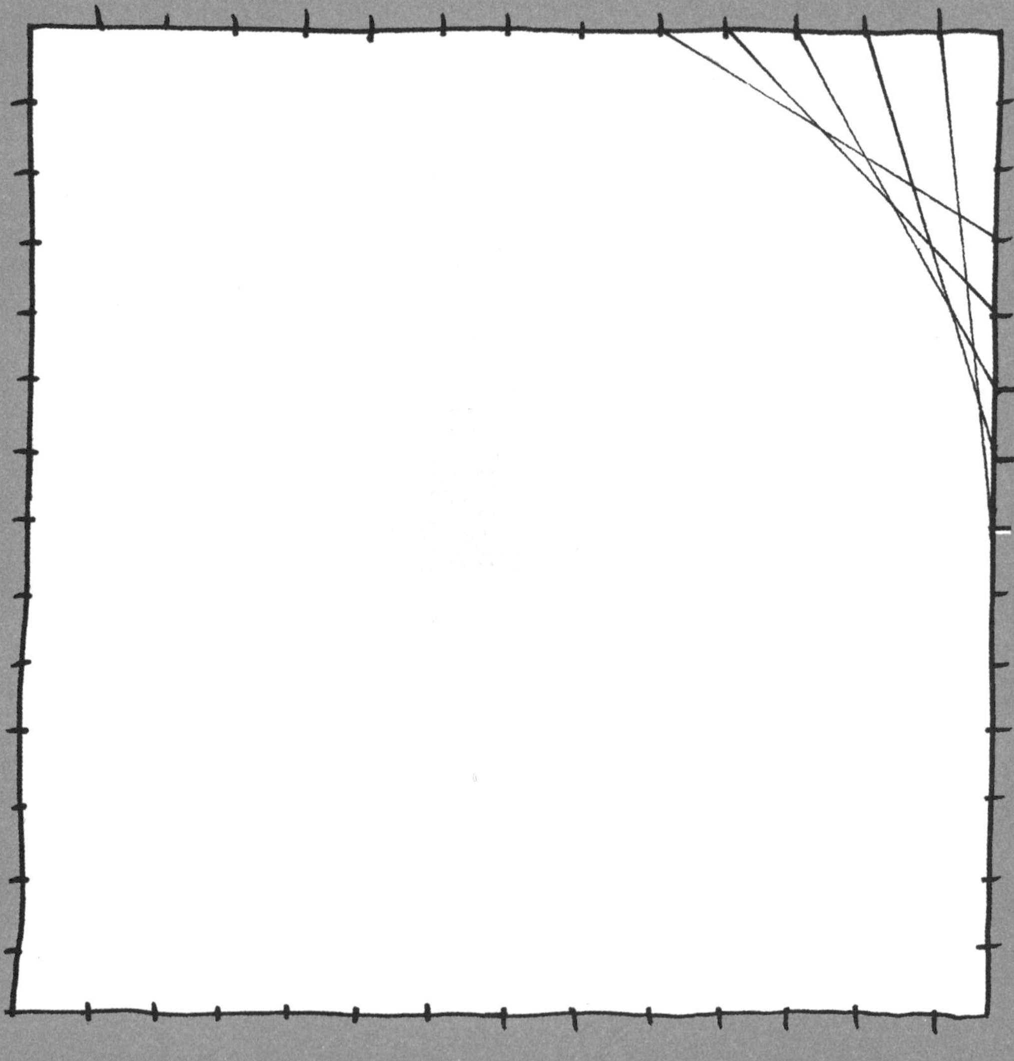

WEBE ZWEI SEITEN ZUSAMMEN!

SO GEHT'S:

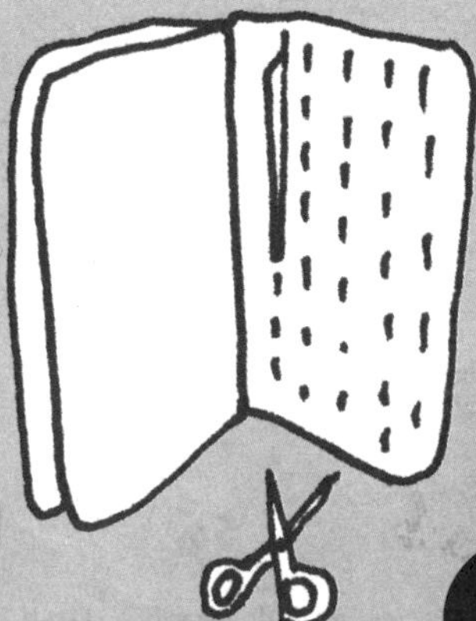

1

SCHNEIDE AUF SEITE 103 ENTLANG DER GESTRICHELTEN LINIEN (NICHT BIS ZUM ENDE DER SEITE).

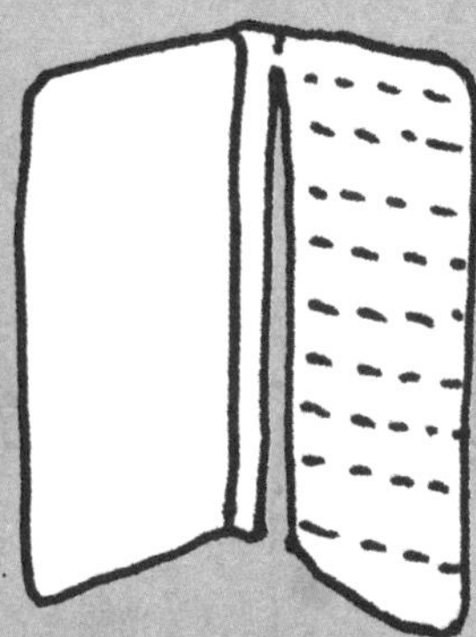

2

SCHNEIDE SEITE 105 AUS DEM BUCH HERAUS.

3

SCHNEIDE SEITE 105 IN STREIFEN, ENTLANG DER GESTRICHELTEN LINIEN.

4

WEBE DIE STREIFEN NACHEINANDER IN SEITE 103 HINEIN.

5

KLEBE DIE ENDEN DER STREIFEN ZUSAMMEN.

SCHREIB 'HALLO' IN SO VIELEN SPRACHEN AUF, WIE DU KANNST.

BART ODER HAARE?

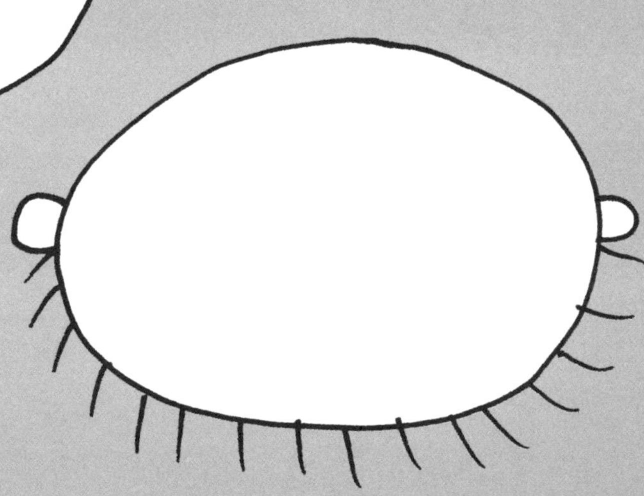

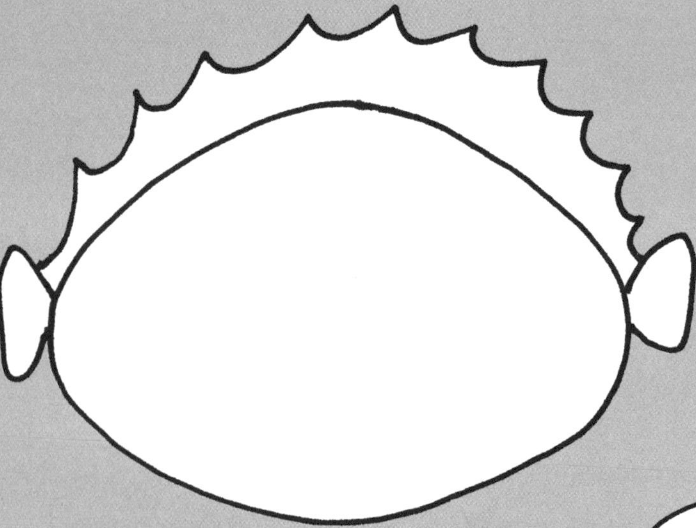

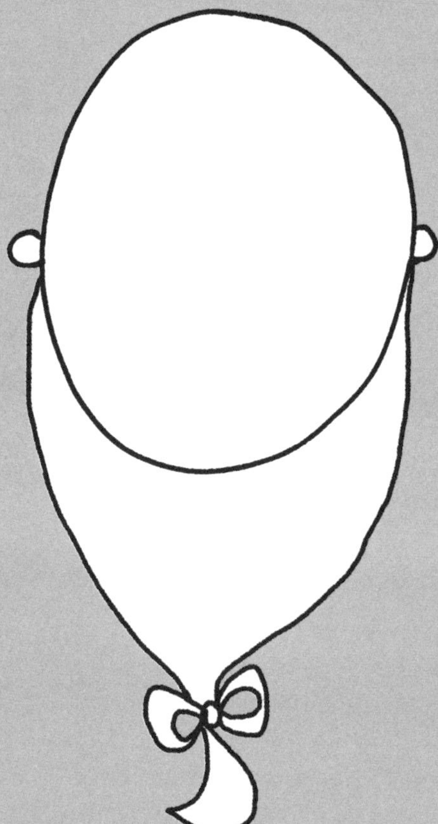

Zeichne
ein
Selbstporträt,
ohne
den Stift
abzusetzen.

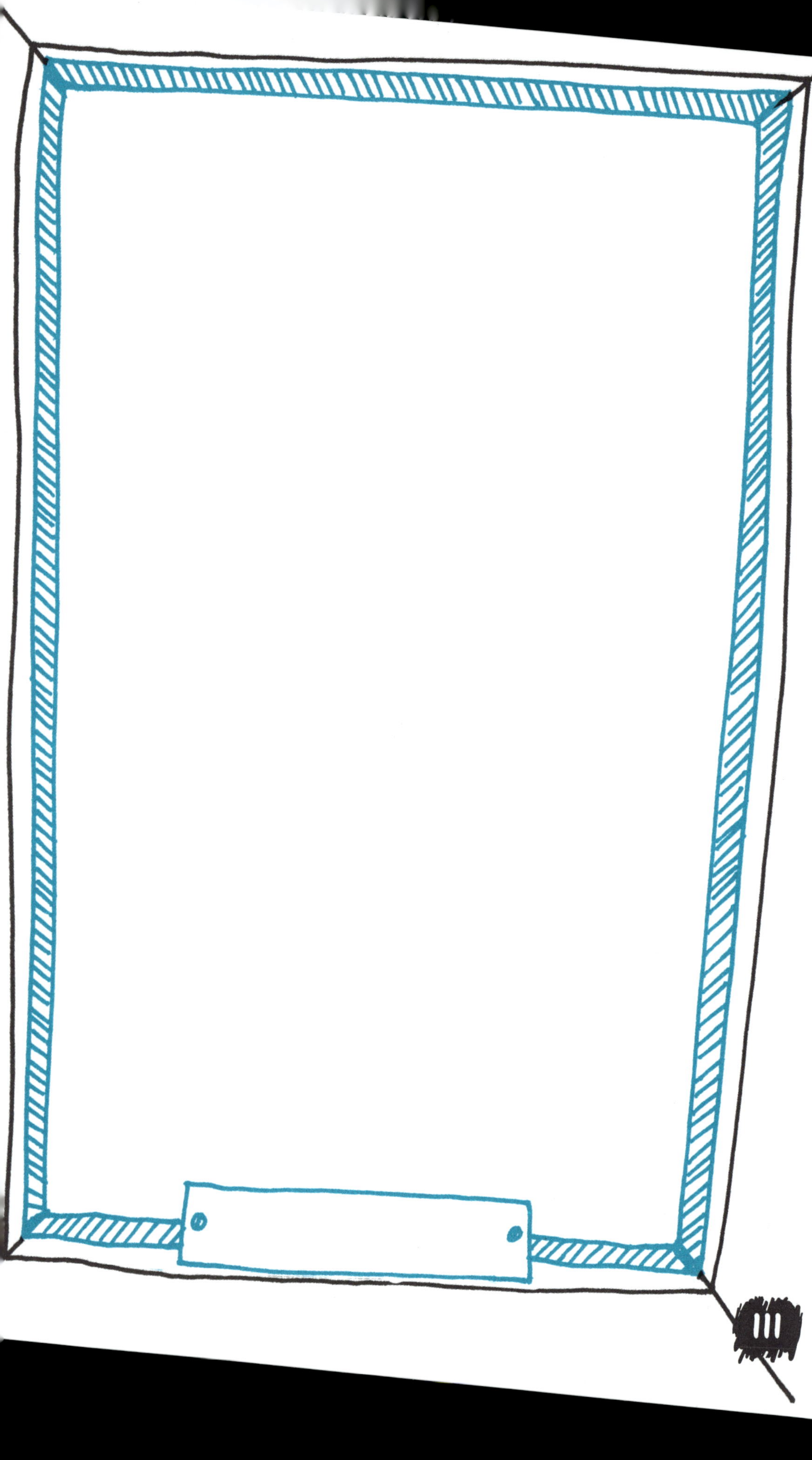
III

Wovon hast du letzte Nacht geträumt?

ZEICHNE EUER HAUS UND BENUTZE

BÜROKLAMMERN, DIE DU AUFKLEBST.

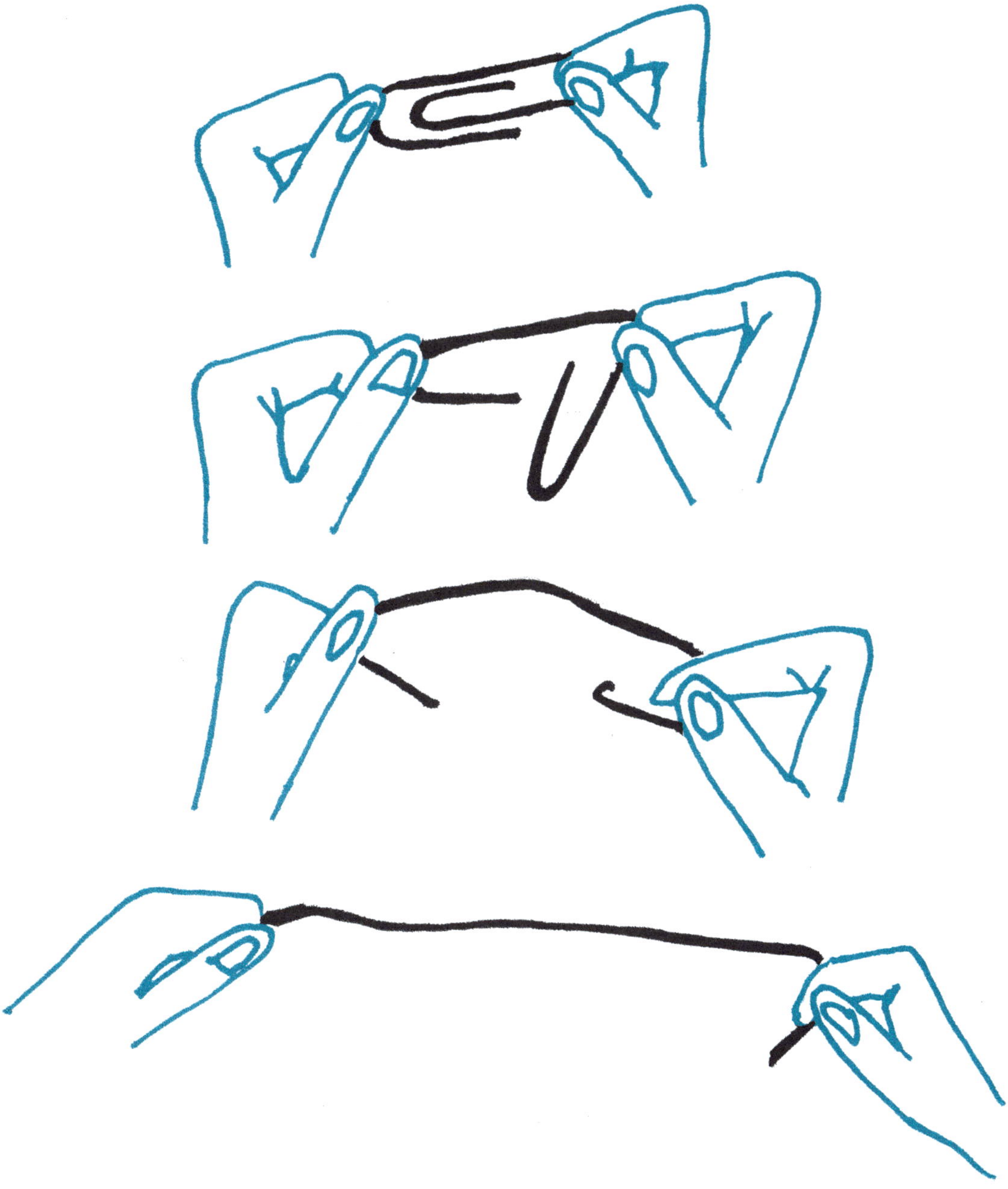

PRESS EINE ZITRONE AUS UND GIB EIN PAAR TROPFEN WASSER DAZU. TUNKE EIN WATTESTÄBCHEN IN DEN SAFT UND SCHREIBE EINE GEHEIME BOTSCHAFT AUF. BEIM TROCKNEN WIRD SIE UNSICHTBAR. WENN DU DIE BOTSCHAFT LESEN WILLST, HALTE DIE SEITE EINFACH GEGEN EINE HELLE GLÜHBIRNE.

SPIEL 'DREI GEWINNT' MIT EINEM FREUND ODER EINER FREUNDIN.

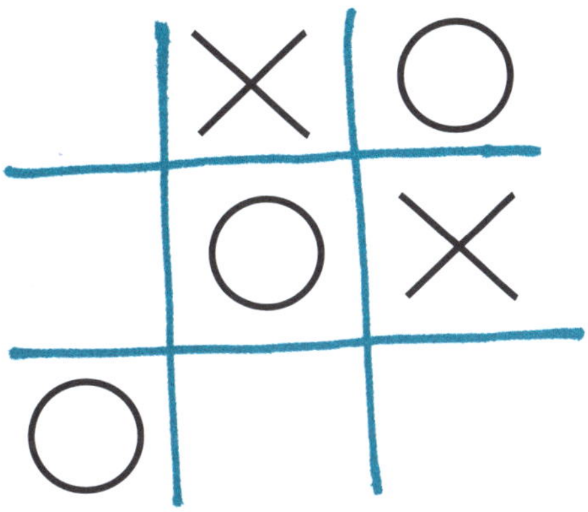

ERGEBNISSE

MALE EINE DIESER BEIDEN MASKEN ...

… MIT SCHMINKE AUF DEIN GESICHT!

Löse dieses Punkt-zu-Punkt-Rätsel von hinten nach vorne. Du beginnst mit der höchsten Zahl und die 1 ist die letzte Zahl!

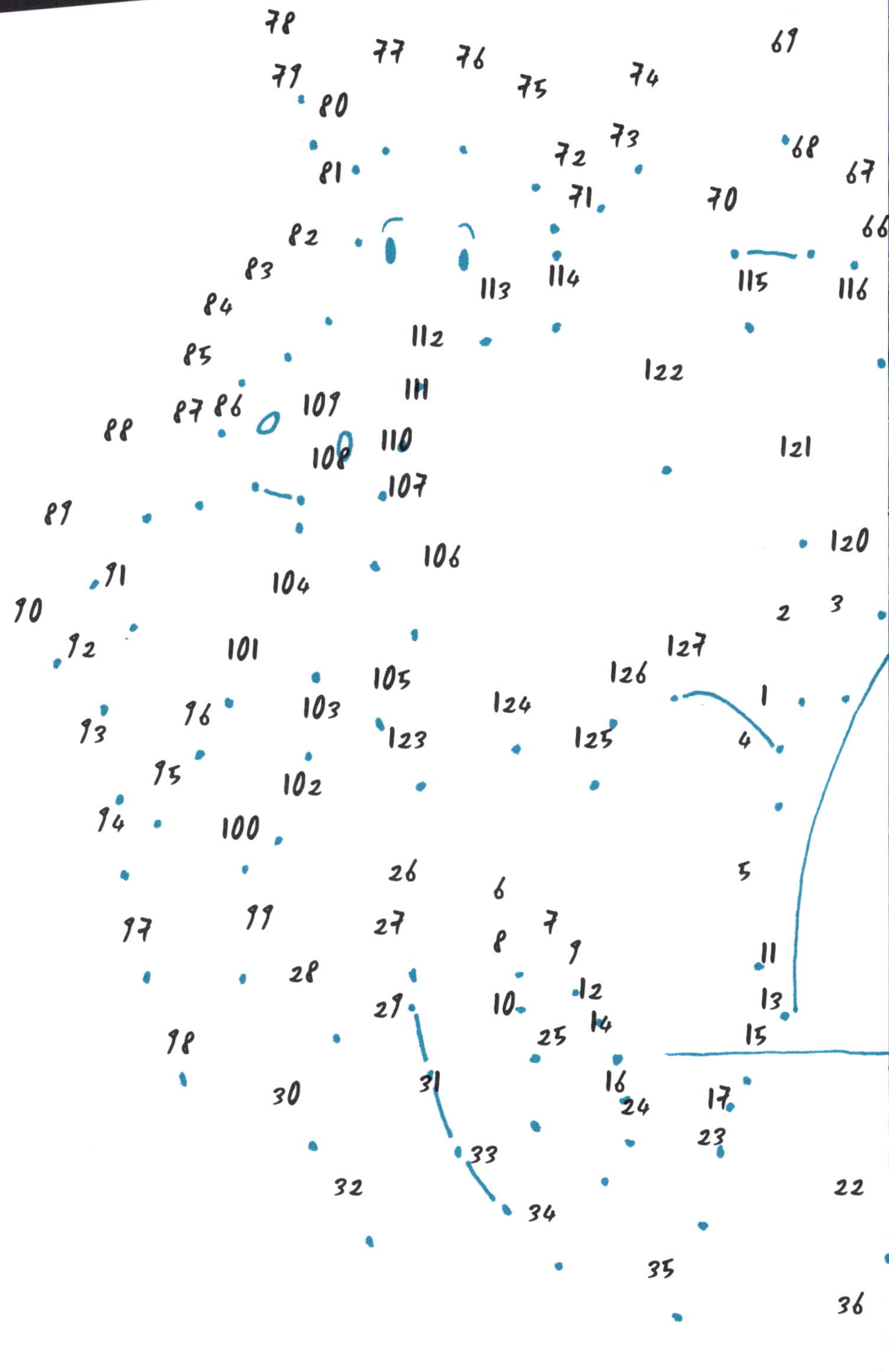

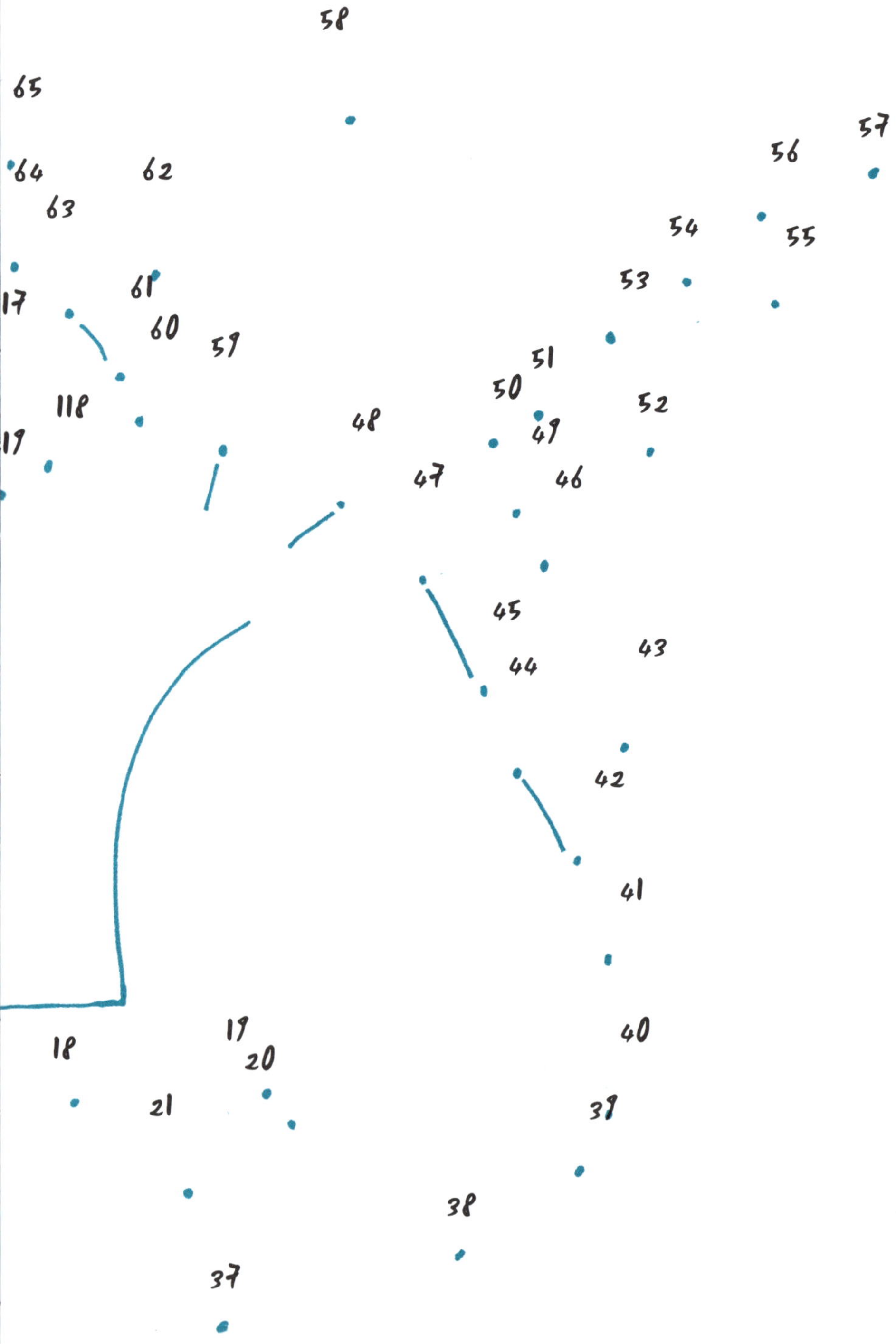
58
65
57
56
64
62
63
54
55
53
17
61
60
59
51
50
52
118
48
19
49
47
46
45
43
44
42
41
40
19
18
20
21
39
38
37

MALE DIE SCHACHTEL AUF SEITE 125 AUS UND FALTE SIE. SAG DEINEN FREUNDEN, DASS DU ETWAS GEFÄHRLICHES HINEINGETAN HAST, UND TESTE, OB SIE SICH TRAUEN, SIE ZU ÖFFNEN.

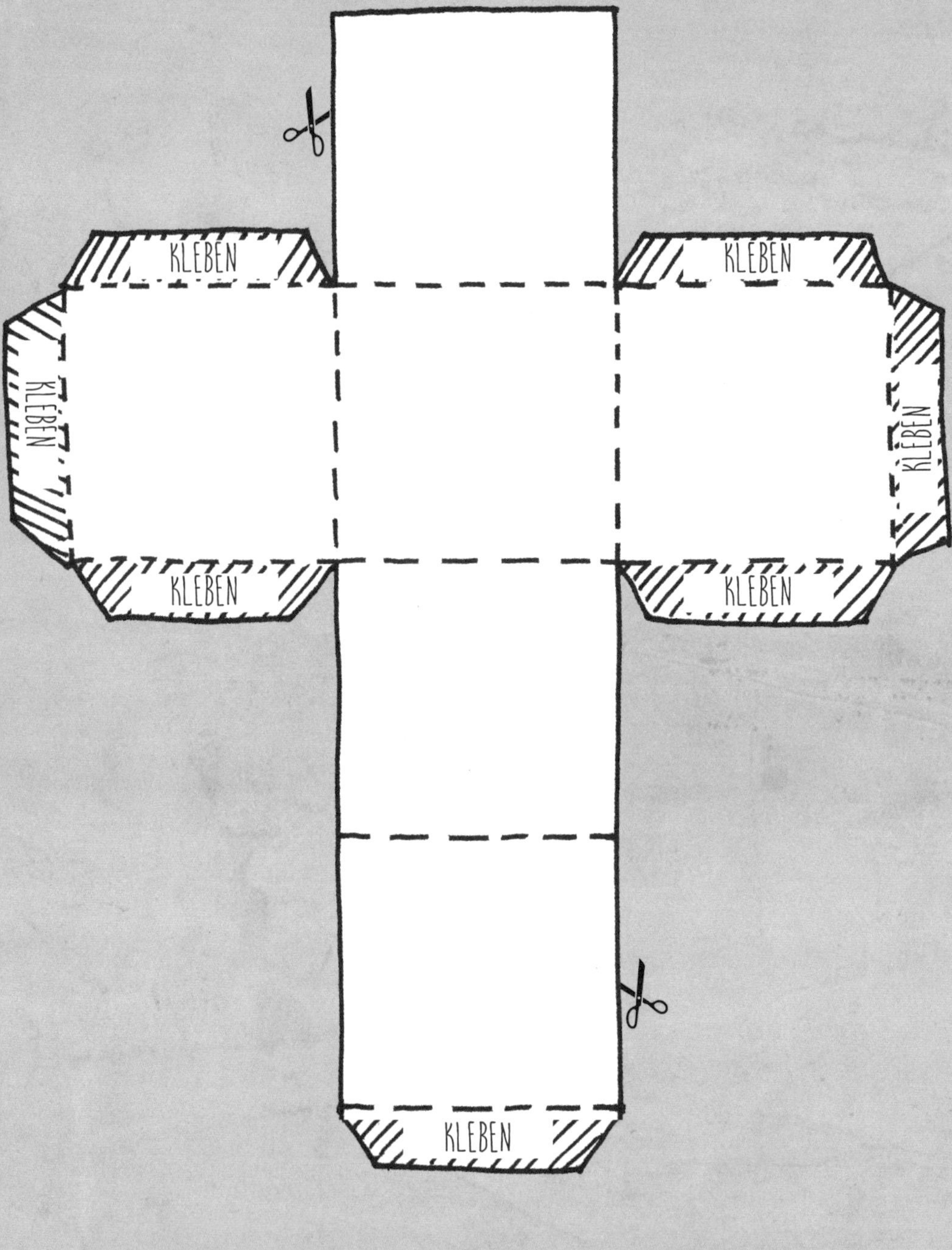

❶ SCHNEIDE ENTLANG DER DURCHGEZOGENEN LINIEN.

❷ FALTE DIE GESTRICHELTEN LINIEN.

❸ GIB KLEBER AUF DIE MARKIERTEN FLÄCHEN UND KLEBE DIE BOX ZUSAMMEN.

Male alle Kästchen in verschiedenen Farben aus.

ZEICHNE HIER EIN LABYRINTH, IN DEM ES WEDER

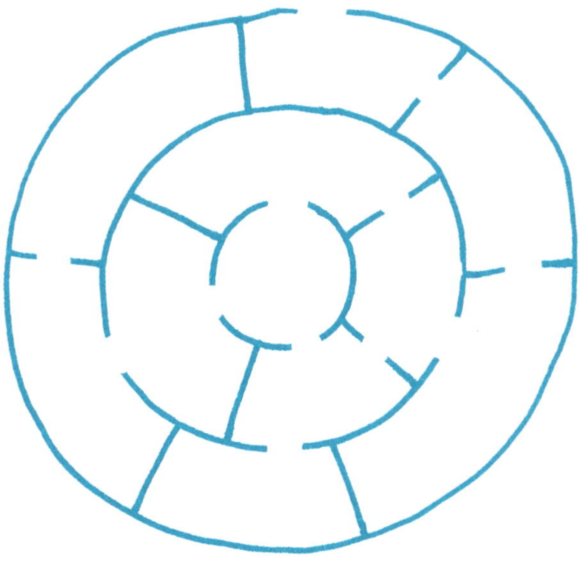

EINEN EINGANG NOCH EINEN AUSGANG GIBT.

STARRE FÜR 5 MINUTEN WIRKLICH FEST AUF

DIESE BEIDEN SEITEN. PASSIERT IRGENDETWAS?

SCHREIBE DAS DATUM AUF, WANN DU DIESES BUCH GEKAUFT HAST, UND ZWAR IN MORSEZEICHEN.

SCHREIBE DEIN GEBURTSDATUM IN MORSEZEICHEN.

SCHREIBE DAS ERGEBNIS VON 74 + 22 + 11 IN MORSEZEICHEN.

1
2
3
4
5
6
7
8
9
10

KLEBE
EIN
SPINNENNETZ
AUF.

BASTLE DEIN EIGENES DAUMENKINO MIT EINER SZENE, DIE SOWOHL VORWÄRTS ALS AUCH STRÄWKCÜR FUNKTIONIERT.

So wird's gemacht:

1) Schneide die Quadrate auf Seite 137 aus.

2) Staple sie aufeinander und hefte sie zusammen.

3) Zeichne eine Szene, von der ersten bis zur letzten Seite.

4) Lass dein Daumenkino von vorn nach hinten und von hinten nach vorn ablaufen.

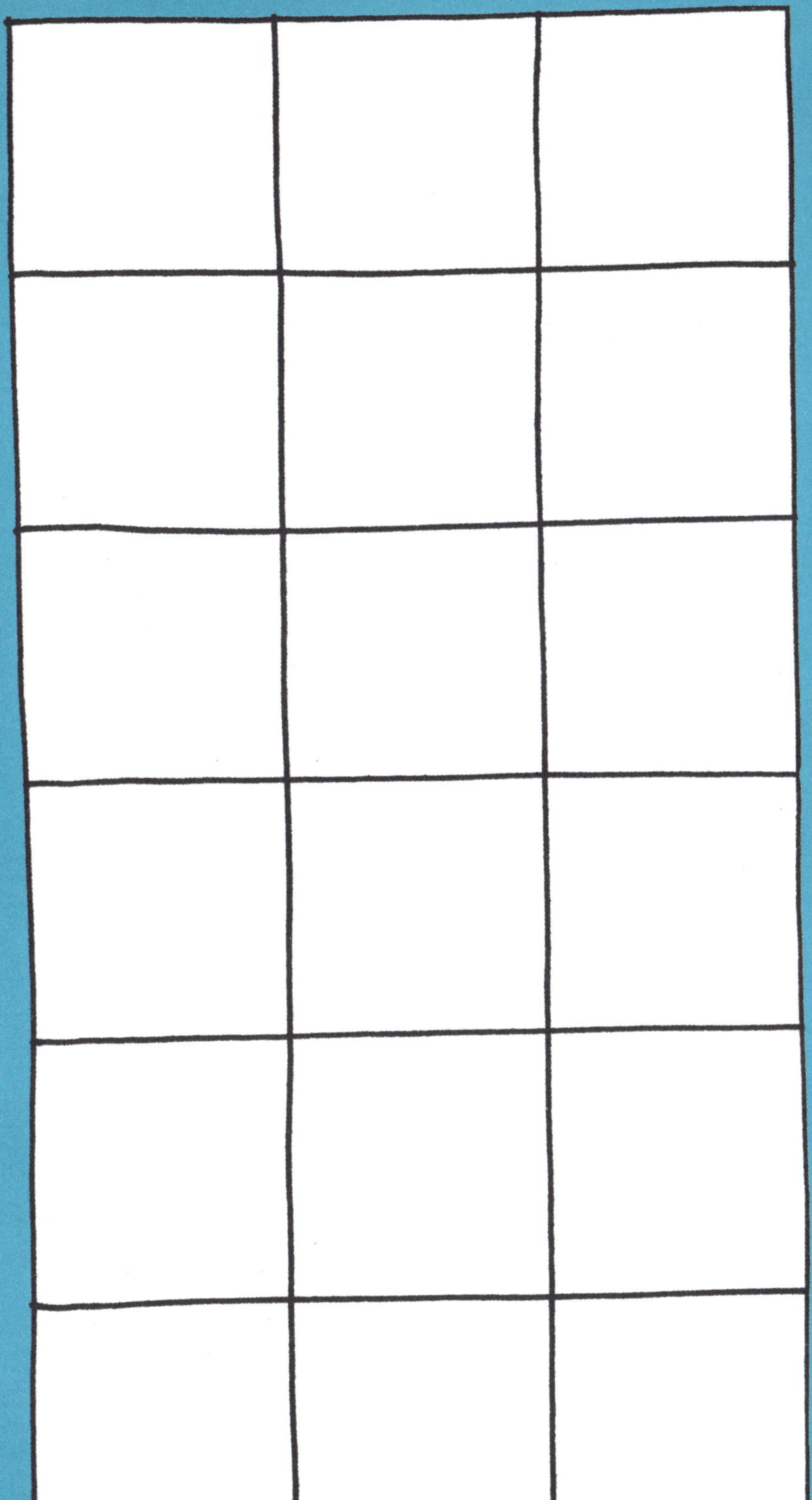

Tausche diese Seite mit deiner Lieblingsseite aus dem BUCH aus. Klebe die Seiten mit Klebestreifen an ihrer neuen Stelle ein.

SPRÜHE PARFÜM AUF DIESE SEITE, DAMIT SIE GUT RIECHT.

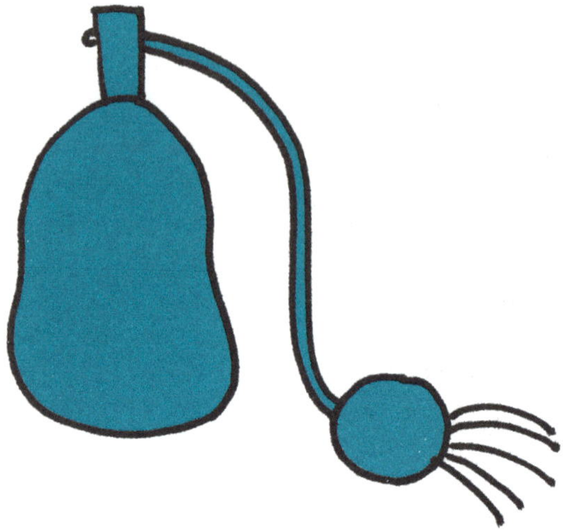

HERZLICHEN GLÜCKWUNSCH, DU BIST FERTIG MIT DEINEM BUCH!
DU HAST ES
SUPER HINBEKOMMEN, BEIM BEARBEITEN
DES BUCHS RÜCKWÄRTS ZU DENKEN.
UNTERSCHRIFT

DIESES BUCH GEHÖRT: ______________________________

LIEBLINGSSEITE: _________________________________

NERVIGSTE SEITE: ________________________________

DIESE FREUNDE VON MIR HABEN MITGEMACHT:

____

____

____

TEXT: ANNA BRETT, ILLUSTRATIONEN: ELLE WARD
FOTOS: SHUTTERSTOCK.COM
ISBN 978-3-551-18149-7

UNSERE BÜCHER GIBT ES ÜBERALL IM BUCHHANDEL
UND AUF WWW.CARLSEN.DE

HERZLICHEN GLÜCKWUNSCH, DASS DU DIESES BUCH GEÖFFNET HAST!

ERWARTEST DU JETZT ETWA SEITE 1?

PECH GEHABT. FALLS DU ES NOCH NICHT VERSTANDEN HAST, DIESES ᗺUƆH IST EIN ЯÜƆꓘWÄRTƧBUƆH, ES FUNKTIONIERT !SREDNA ALSO, BLÄTTERE ZUR LETZTEN SEITE UND DREHE DAS BUCH UM. DANN GEHTS LOS: KRITZEL, SCHNEIDE, KLEBE, FALTE UND ZEICHNE DICH ZURÜCK BIS ZUM ANFANG!